www.ingramcontent.com/pod-product-compliance
Lightning Source LLC
LaVergne TN
LVHW010415070526
838199LV00064B/5306
* 9 7 8 9 3 5 8 7 2 7 8 0 7 *

ابن الجوزی کی نصیحت

بیٹے کے لیے

ترجمہ و تحقیق:

محمد افروز قادری چریاکوٹی

تصویب: مفکر اسلام علامہ محمد عبد المبین نعمانی قادری

نظر ثانی: ڈاکٹر مختار گل ہاشمی۔ کیپ ٹاؤن، ساؤتھ افریقہ

© Mohd Afroz Quadri

Ibn al-Jawzi ki naseehat bete ke liye

by: Mohd Afroz Quadri

Edition: February '2024

Publisher :

Taemeer Publications LLC (Michigan, USA / Hyderabad, India)

ISBN 978-93-5872-780-7

9 789358 727807

مصنف یا ناشر کی پیشگی اجازت کے بغیر اس کتاب کا کوئی بھی حصہ کسی بھی شکل میں بشمول ویب سائٹ پر اَپ لوڈنگ کے لیے استعمال نہ کیا جائے۔ نیز اس کتاب پر کسی بھی قسم کے تنازع کو نمٹانے کا اختیار صرف حیدرآباد (تلنگانہ) کی عدلیہ کو ہوگا۔

© محمد افروز قادری چریاکوٹی

کتاب	:	**ابن الجوزی کی نصیحت بیٹے کے لیے**
مصنف	:	**محمد افروز قادری چریاکوٹی**
پروف ریڈنگ / تدوین	:	اعجاز عبید
صنف	:	مذہب
ناشر	:	تعمیر پبلی کیشنز (حیدرآباد، انڈیا)
سالِ اشاعت	:	۲۰۲۴ء
صفحات	:	۴۶
سرورق ڈیزائن	:	تعمیر ویب ڈیزائن

عرض مترجم

شیخ الاسلام امام ابو حامد محمد بن محمد بن محمد الغزالی۔علیہ الرحمۃ والرضوان۔کے مشہورِ زمانہ اور مقبول اَنام رسالہ "ایہا الولد" کی اُردو ترتیب و تہذیب کے بعد اُس قسم کے رسائل سے مجھے جیسے فطری لگاؤ سا ہو گیا، مگر پھر مدتوں اس نوع کا کوئی رسالہ ہاتھ نہ لگا۔ ایک دن اِنٹرنیٹ پر کچھ کتابوں کی چھان بین کے دوران امام ابن جوزی کا یہ رسالہ نظر افروز ہوا، جس میں انھوں نے خود اپنے بیٹے کو اپنی قیمتی نصیحتوں سے نوازا ہے۔ سچ پوچھیں تو رسالہ دیکھ کر آنکھیں روشن ہو گئیں اور دِل کی کلیاں کھل اُٹھیں۔ پھر کیا تھا قیام گاہ پہنچتے ہی پہلی فرصت میں اس کے ترجمہ کا آغاز کر دیا۔

امام ابن جوزی اپنی گراں مایہ تصنیفات کے حوالے سے جگ جگ روشن ہیں۔ ان کی جملہ کتابیں قدر کی نگاہوں سے دیکھی جاتی ہیں۔ آپ نے دین وملت کے لیے بے تکان لکھا اور بہت سی یادگار اپنے پیچھے چھوڑ گئے۔ آپ خود فرماتے ہیں کہ میں نے کوئی سو کتابیں تصنیف کیں ان میں کئی ایک بیس بیس جلدوں پر مشتمل ہیں۔ تحقیقی شہ پاروں کے علاوہ آپ نے بہت سی اِصلاحی کتب بھی تحریر فرمائی ہیں جن میں بیشتر جامۂ اُردو میں ملبوس ہو چکی ہیں، اور اپنے اپنے حلقے میں قارئین سے خراجِ تحسین وصول کر رہی ہیں۔

لفتۃ الکبد فی نصیحۃ الولد نامی یہ رسالہ اس لیے اور بھی اہمیت کا حامل ہے کہ امام ابن جوزی نے اسے خاص اپنے صاحبزادے کے لیے ترتیب دیا ہے، جس میں طلبہ علوم دینیہ کے ساتھ ساتھ عوام کے لیے بھی ہدایتوں کا سامان موجود ہے۔ اُمید ہے کہ آپ اس سے

اِکتساب رنگ و نور کرتے وقت مولف و مترجم کو اپنی نیک دعاؤں میں یاد رکھنا نہ بھولیں گے۔۔ اللہ ہمیں اپنی توفیق خیر سے نوازے اور ہم سب کا حامی و ناصر ہو۔

محمد افروز قادری چریاکوٹی۔۔۔۔ ۳۰ جمادی الآخرہ، ۱۴۳۰ھ، بروز چہار شنبہ

اَحوالِ مصنف

مصنف کتاب حضرت علامہ امام ابن جوزی۔علیہ الرحمہ۔کا اسم گرامی عبد الرحمن بن ابی الحسن بن علی بن علی بن عبد اللہ بن حمادی بن محمد بن محمد بن جعفر الجوزی، کنیت ابو الفرج اور لقب 'ابن جوزی' ہے۔

آپ کے اس مشہورِ زمانہ لقب کا سبب یہ بتایا جاتا ہے کہ آپ کے آباء میں آٹھویں پشت پر جعفر نامی شخص کو جوزی کے لقب سے یاد کیا جاتا تھا۔جب کہ ابن عماد کے بقول 'جوز' شہر بصرہ کا ایک محلہ ہے۔

۔۵۱۰ھ۔میں آپ کی ولادت ہوئی۔اپنی عمر کی بمشکل تین منزلیں طے کر پائے تھے کہ شفقت پدری سے محروم ہوگئے۔مستقبل میں دنیائے اِسلام پر آفتاب علم و دانش بن کر چمکنے والے اس نونہال کی پرورش والد کے بعد پھوپھی نے کی۔

جب آپ حد شعور میں داخل ہوئے تو پھوپھی آپ کو ابو الفضل ابن ناصر کی مسجد میں چھوڑ آئیں، جو رشتہ میں اُن کے ماموں تھے۔انھوں نے اس نہایت زیرک بچے کو اپنی تربیت میں لے کر پوری توجہ و انہماک سے علوم دینیہ پڑھانا شروع کیا۔آپ نے تھوڑے سے عرصے میں حفظِ قرآن، علوم قراءت اور تحصیل علم حدیث کے منازل طے کر کیے۔خود فرماتے ہیں:

علم کی اہمیت و محبت 'بچپن ہی سے میرے دل کی گہرائیوں میں جاگزیں ہوگئی تھی، اور میں حصولِ علم کے لیے کسی بڑی سے بڑی مہم کو سر کرنے میں لذت محسوس کیا کرتا تھا، چنانچہ اس کی برکت سے اللہ تعالیٰ نے مجھے مقام علم پر فائز کر دیا۔

یوں تو علامہ ابن جوزی جملہ علوم متداولہ میں بڑا اونچا مقام رکھتے تھے، تاہم جس علم میں انھیں اَبدی و آفاقی شہرت حاصل ہوئی وہ علم حدیث ہے۔ اِس علم میں آپ کی بہت سی تصانیف یادگار ہیں، حتیٰ کہ اپنے مقام علم و تجربہ پر اعتماد کی وجہ سے کہا کرتے تھے:

میرے زمانے تک رسول اللہ صلی اللہ علیہ وسلم سے روایت شدہ کوئی بھی حدیث میرے سامنے بیان کی جائے تو میں بتا سکتا ہوں کہ یہ صحت و ضعف کے کس درجے پر ہے۔

اور یہ دعویٰ اِفتخارِ غرور پر مبنی نہیں بلکہ اظہارِ حق و صداقت اور تحدیث نعمت کے طور پر ہے۔ ابن خلکان نے آپ کے حدیث مصطفیٰ سے بے پناہ عشق اور اس کے ساتھ وابستہ مچلتی ہوئی تمناؤں کے اِظہار کا تذکرہ ایسے وارفتہ انداز میں کیا ہے جسے سن کر دردِ عشق رکھنے والے دلوں میں محبت کے نغمے چھڑ جاتے ہیں۔ وہ فرماتے ہیں:

علامہ ابن جوزی نے حالت نزع میں نحیف سی آواز میں پاس بیٹھے ہوئے لوگوں سے فرمایا کہ وہ سارے قلم اکٹھے کیے جائیں جن سے میں نے تمام عمر شفیع روزِ محشر محبوب داور علیہ السلام کی مبارک احادیث لکھی ہیں اور ان کے سروں پر لگی ہوئی روشنائی کھرچ لی جائے۔

جب آپ کے حکم کی تعمیل کی گئی تو اس سیاہی کا ڈھیر لگ گیا۔ پھر اس پروانہ شمع رسالت نے بحر محبت کی گہرائیوں میں ڈوب کر یہ وصیت کی کہ مرنے کے بعد میری نعش کو غسل دینے کے لیے تیار کردہ پانی میں یہ روشنائی ڈال دینا، شاید خدائے رحمن ورحیم اُس جسم کو نارِ جہنم سے نہ جلائے جس پر اُس کے محبوب کی حدیث کی روشنائی کے ذرے لگے ہوں۔

وصیت کے مطابق آپ کو غسل دیا گیا تو کافی مقدار میں روشنائی پھر بھی بچ رہی تھی۔ اس وصیت کو دیکھ کر اس عاشق جگر سوختہ کے حسن طلب پر صد آفرین کہنا پڑتا ہے کہ کس اَدائے دِلربائی سے فضل باری کا مطالبہ کیا جارہا ہے۔ اللہ ہمیں بھی رخ والضحیٰ اور سرمہ مازاغ والے اپنے پیارے محبوب کی محبت کے یہی انداز عطا فرمائے۔

تحریر و کتابت میں یگانۂ روزگار تو تھے ہی میدانِ خطابت میں بھی اپنا جواب نہیں رکھتے تھے۔ آپ عہد نوخیزی ہی میں اچھے واعظ تھے۔ وقت گزرنے کے ساتھ ساتھ آپ کی صلاحیتوں میں روز افزوں نکھار آتا گیا۔ آپ کی مجلس وعظ میں عوام الناس ہی نہیں خلیفہ وقت بھی جملہ وزرائے سلطنت کے ساتھ پتھر کی تصویر بنادم بخود بیٹھا ہوتا تھا۔ آپ نے حکمرانوں کی خوشنودی اور دربارِ شاہی میں رسائی کے لیے کبھی وعظ نہ کیا۔ خود کو ہمیشہ ظل سلطانی اور مداہنت لسانی سے دور رکھا۔

ساری عمر شمشیر وعظ اور نیزۂ قلم سے جہاد حق کیا اور اسی راہ میں۔۵۹۷ھ۔ کے اندر جان' جاں آفریں کے حوالے کردی۔ آپ کے وعظ و بیان سے متاثر ہو کر ہزاروں گم کردۂ راہ فسق و فجور سے تائب ہو کر جادۂ مستقیم کے راہی بن گئے۔ اور کوئی دو لاکھ سے زائد کفار آپ کے دست حق پرست پر کلمہ حق پڑھ کر حلقہ بگوشِ اسلام ہو گئے۔ علامہ ابن جوزی صرف علم حدیث اور فن وعظ ہی میں نہیں بلکہ تمام علوم میں آپ کو منفرد مقام حاصل تھا۔

الغرض! علامہ ابن جوزی اسلام کے حقیقی شیدائی اور پیغمبر اسلام کے سچے فدائی تھے۔ آپ اظہارِ حق کے لیے 'لَا خَوفٌ عَلَیهِم وَلَا هُم یَحزَنُونَ' کی عملی تصویر تھے۔ تذکرۃ الحفاظ میں آتا ہے کہ صاحب طبع شر خیز ابن عبد الوہاب نے اپنے مربی وزیر قصاب شیعی کو علامہ ابن جوزی کے خلاف بھڑکانا شروع کیا کہ کبھی ابن جوزی کی حرکات و سکنات کا

بھی نوٹس لیا ہے وہ کٹر ناصبی اور اولادِ ابو بکر سے ہے، اور آپ کے منصب جلیل کے لیے کسی وقت بھی نقارۂ اجل بن سکتا ہے۔

بس اسی جُرم لاجَرم کی پاداش میں آپ کی ساری جائداد، گھربار اور اس کا مکمل اَثاثہ ضبط کرکیا گیا۔ اہل خانہ اور جگر کے ٹکڑے بچے بچیاں آنکھوں سے جدا کر کے دور دراز علاقوں میں پھینک دیے گئے اور آپ کو پابجولاں کشتی میں ڈال کر شہر واسط کے جیل خانہ کی طرف بھیج دیا گیا۔ جہاں آپ نے زنداں کی تنگ و تاریک کوٹھری میں پورے پانچ سال کمال صبر واستقلال سے یوں گزارے کہ خود کھانا تیار کرتے، اور اپنے ہاتھوں سے کپڑے دھلتے اور زبانِ شکر سے یہ کہتے جاتے:

اے پروردگار! تونے مجھ سے ناتواں سے اپنے دین متین کی اتنی خدمت لی ہے۔ میں کس زبان سے تیرا شکر اَدا کروں!۔

قدرت نے آپ کو تصنیف کا ملکہ اور موقع بڑی فیاضی سے عطا کیا تھا یہاں تک کہ کثرتِ تصنیف میں آپ کا نام بطورِ ضرب المثل مشہور ہوگیا۔ اسمائے رجال کے امام علامہ ذہبی فرماتے ہیں کہ میں نے زندگی میں ابن جوزی جیسا صاحب تصانیف کثیرہ نہ دیکھا ہے اور نہ سنا ہے۔

ابن خلکان تو یہاں تک کہہ گئے ہیں کہ حکایت کرنے والے اگرچہ ابن جوزی کی تعدادِ کتب کے بارے میں مبالغہ سے بھی کام لیتے ہیں لیکن پھر بھی آپ کی تالیفات کو اِحاطۂ ریر میں نہیں لایا جاسکتا۔ مگر افسوس ہے کہ آپ کے حالات میں رقم شدہ تعداد مصنفات ایک سو کے عدد سے تجاوز نہیں کرپاتی، تو باقی کتب کے بارے میں یہی کہا جاسکتا ہے کہ صرصرِ زمانہ نے شاید ان پر گردِ نسیان ڈال دی ہے۔

لفتۃ الکبد في نصیحۃ الولد کا شمار بھی آپ کے انھیں نایاب رسائل میں سے ہوتا

ہے، اس رسالے کی ہمہ جہت اِفادیت واہمیت کے پیش نظر اسے اُردو قالب میں ڈھال دیا گیاہے، تاکہ اُردوداں طبقہ اس کے فیوض وانوار سے محروم نہ رہ جائے۔

یہ رسالہ 'سمندر در کوزہ' کی بہترین مثال ہے۔ چند صفحات میں علامہ ابن جوزی نے وہ سب کچھ بیان کر دیاہے جس کی ضرورت کارزارِ حیات میں ناگزیر ہوتی ہے۔ امید ہے کہ یہ رسالہ دارین کی سعادتیں بٹورنے میں آپ کا معاون ثابت ہو گا۔ اللہ ہماری اس کوشش کو قبول فرمائے، اور اپنی رضا کے کام کرنے کی توفیق ہمارے رفیق حال کر دے۔ آمین یارب العالمین۔ وصل اللہم علیٰ سیدنا محمد وعلیٰ آلہ واصحابہ وبارک وسلم۔

اللہ رحمن ورحیم کے نام سے شروع

ابتدائیہ

الحمدُ لله الذي أنشأَ الآَب الأكبر من تراب، و أخرج ذريته من الترائب والأَصلاب، وعضد العشائر بالقرابة والأَنساب، وأنعم علينا بالعلم وعرفان الصواب، أحسنَ التربية في الصغر وحفظ في الشباب، و رزقنا ذريةً نرجو بهم وفورَ الثواب ۔

یعنی جملہ تعریفیں اللہ مالک الملک کو زیبا ہیں جس نے اَبُ الاکبر (حضرت آدم علی نبینا وعلیہ السلام) کو مٹی سے پیدا فرمایا، پھر پیٹھ اور کولھے کی ہڈیوں کے درمیان سے ان کی نسلوں کی افزائش کا اہتمام فرمایا اور قرابت ونسب کی بنیاد پر خاندان کی بنیاد رکھی۔ پھر ہمیں بطورِ خاص دولت علم وعرفان سے سرفرازی بخشی۔ عہد طفولیت میں اس نے جہاں بہترین تربیت کی وہیں عالم شباب کو بھی اپنے دائرۂ تحفظ میں رکھا۔ اس پر مستزاد یہ کہ اس نے نعمت اولاد عطا فرمائی جن سے ہمیں ڈھیروں ثواب کی توقع وابستہ ہے۔

رَبِّ اجْعَلْنِي مُقِيْمَ الصَّلٰوةِ وَ مِنْ ذُرِّيَّتِي رَبَّنَا وَ تَقَبَّلْ دُعَآءِ ۝ رَبَّنَا اغْفِرْ لِي وَ لِوَالِدَيَّ وَ لِلْمُؤْمِنِيْنَ يومَ يَقُومُ الحِسَابُ (سورۂ ابراہیم: ۱۴، ۴۰تا۴۱۔)

اے میرے رب! مجھے اور میری اولاد کو نماز قائم رکھنے والا بنادے، اے ہمارے رب! اور تو میری دعا قبول فرمالے۔

اے ہمارے رب! مجھے بخش دے اور میرے والدین کو (بخش دے) اور دیگر سب مومنوں کو بھی، جس دن حساب قائم ہوگا۔

امابعد!

جب مجھے اِزدواج و اَولاد کی شرافت و نجابت کا علم ہوا تو میں نے ایک ختم قرآن کرنے کے بعد (لمحاتِ قبولیت میں) اللہ کی بارگاہِ میں دعا کی کہ پروردگار! مجھے دس اولاد عطا فرما، چنانچہ اس نے میرے اُٹھے ہوئے ہاتھوں کی لاج رکھ لی اور محض اپنے فضل و کرم سے اس نے پانچ بچے اور پانچ بچیاں عطا فرمائیں۔ پھر اُن میں سے دو بچیاں اور چار بچے اُس کو پیارے ہوگئے، اب میرے پاس لختِ جگر ابوالقاسم کے سوا کوئی اولادِ نرینہ نہ رہی، تو میں نے اللہ کی بارگاہ میں دعا کی کہ مولا! اسے میرا بہترین جانشین بنا اور اس کے ذریعہ دارین کی سعادتیں نصیب فرمادے۔

پھر کیا ہوا کہ میں نے اس کے اندر تحصیل فضل و کمال کے سلسلے میں وہ لگن جتن محسوس نہیں کی جو ہونی چاہیے، تو طلب علم کے حوالے سے اس کی تساہلی کو دیکھتے ہوئے میں نے یہ رسالہ بطورِ خاص اس کے لیے ترتیب دیا، تاکہ دولت علم سے بہرہ ور ہونے کے لیے اس کی خفیہ صلاحیتیں بیدار ہوجائیں اور اکتساب شعور و آگہی کے سلسلہ میں وہ خود کو میری روش پر جادہ پیما کرسکے۔ اور توفیق خیر دینے والا اللہ جل مجدہ ہے۔ مجھے اس حقیقت کا مکمل اعتراف ہے کہ اللہ جسے اپنی توفیق سے نواز دے اسے کوئی چاہِ ذلت میں ڈھکیل نہیں سکتا اور جسے گم گشتہ راہ کردے اسے کوئی سامانِ رشد و ہدایت فراہم نہیں کرسکتا، تاہم اسی رب العزت کا اِرشاد عالی ہے:

وَ تَوَاصَوا بِالحَقِّ وَ تَوَاصَوا بِالصَّبْرِ (سورۂ عصر:۱۰۳،۳)

اور ایک دوسرے کو حق کی تلقین کرتے رہے اور باہم صبر کی تاکید کرتے رہے۔

فَذَكِّرْ إِنْ نَفَعَتِ الذِّكْرٰى (سورۂ اعلیٰ:۸۷، ۹۔)

پس آپ نصیحت فرماتے رہیے بشرطیکہ نصیحت (سننے والوں کو) فائدہ دے۔

اور طاقت وقوت کا سارا سرچشمہ اللہ جل مجدہ ہی کے پاس ہے۔

عقل و شعور کی اہمیت اور احساسِ ذمہ داری

عزیز از جان !۔ اللہ تجھے توفیق خیر سے نوازے۔ اِس بات کو دل کی تختی پر نقش کر کے کہ انسان اس وقت تک حامل دانش و بینش قرار نہیں دیا جاتا جب تک کہ وہ عقل کی صلاحیتوں کو بروئے کار نہ لائے، لہٰذا عقل و شعور کی ساری توانائیاں اِکٹھا کر کے اپنی فکر کو عمل کے لیے مہمیز کر دو، اور نفس کے ساتھ ہمیشہ محتاط رہو اور اپنا خیال رکھو۔

تجھے یہ بات دلائل کی روشنی میں معلوم ہے کہ تو ایک مکلف انسان ہے، اور تجھ پر کچھ ایسے فرائض عائد کیے گئے ہیں جن کی بابت تجھے (کل عرصہ محشر میں) جواب دہ ہونا ہے۔ دو ملکوتی نمائندے تیرے اعمال و الفاظ کا ریکارڈ تیار کرنے میں ہمہ وقت مشغول ہیں۔ حیاتِ مستعار کی ایک ایک سانس' موت کے ایک متعینہ دن کی طرف متواتر کھینچے لیے جا رہی ہے۔ دُنیا کا قیام بہت تھوڑا ہے، جب کہ زندانِ قبر میں بے بس و بے کس پڑے رہنے کی مدت کافی طویل ہے، اور پھر ہوا و ہوس پر اوندھے منہ گرنے کے باعث عذابِ قبر اس پر مستزاد۔

ذرا فکر کو آنچ دے کر سوچو کہ تمہارے گزشتہ کل کی لذتِ عیش کہاں گئی؟ یقیناً فنا ہو گئی، مگر اپنے پیچھے ندامت و افسوس کے طومار چھوڑ گئی۔ یوں ہی شہوتِ نفس کا کیا بنا؟ شرم سے سر جھکا گئی اور پاؤں تلے زمین سرکا گئی۔

نورِ دیدہ! یہ ایک کائناتی سچائی ہے جسے سدا یاد رکھنا کہ نفسانی خواہشات کا قلع قمع کرنے کے بعد ہی سعادت و فلاح کسی کا مقدر بنتی ہے۔ اور شقاوت و بدبختی کے گھاٹ وہی اُترتا ہے جو آخرت فراموش ہو کر خود کو دنیا کی رنگ رلیوں میں گم کر دیتا ہے، لہٰذا ماضی کے بادشاہانِ جہاں اور زاہدانِ شب زندہ داروں کے واقعات سے عبرت پکڑو اور اپنے

لیے سامانِ نصیحت اِکٹھا کرو۔

مجھے بتاؤ اِن کی ساری عیش پرستیاں اور ساز و رباب میں ڈوبی ہوئی زندگیاں کہاں چلی گئیں ؟ سب کا سب اُن کے لیے باعث تف اور حسرتِ محض بن گئیں !، اور ایسے نافرمانوں اور عصیاں شعاروں کے لیے دنیا کی زبانوں پر برے اَلفاظ تو ہیں ہی انھیں آتش دوزخ کا ایندھن بھی بننا ہے، لیکن اگر ڈھیروں ثواب اور حسن انجام ہاتھ آیا تو محض پرہیز گاروں اور نیکو کاروں کو اور پھر خلق خدا کی زبانوں کا اُن کی ستائش سے تر ہونا اس پر مستزاد۔ گویا معاملہ یوں ہو گیا کہ جو دنیا سے آسودہ نفس ہو کر گیا وہاں اسے آسودگی نصیب نہ ہوئی اور جو یہاں فاقہ مست رہا وہاں نا آشنائے فقر و فاقہ رہا۔

اکتسابِ فضل و کمال سے پیچھے رہ جانا یقیناً کم نصیبی ہے۔ اور عیش و آرام کی خصلت و عادت ہمیشہ اپنے پیچھے ندامت کو جنم دیتی ہے، اور کچھ یہی حال لذتوں کے پیچھے مارے مارے پھرتے رہنے کا بھی ہوتا ہے، لہٰذا ابھی وقت ہے، ہوش کے ناخن لو اور نفس کو (حصول علم و آگہی کی راہ پر) سرپٹ دوڑاؤ۔

یاد رہے کہ جملہ فرائض کی (ان کے وقتوں پر) اَدائیگی تمہارے ذمے ضروری ہے یوں ہی حرام کے ہر کام سے دامن حیات بچانا بھی اپنے اوپر لازم کر کو۔ اگر کسی نے اس سلسلے میں ذرا بھی سستی دِکھائی پھر اسے خود کو جہنم کی آتش سوزاں کے لیے تیار رکھنا چاہیے۔

عزیز وافر تمیز! یہ بات یاد رکھنے کی ہے کہ فضل و کمال کی رفعتوں کا حصول ارباب جد وجہد کا منتہائے مقصود ہوتا ہے۔ دیکھو فضیلتیں بہت طرح کی ہوتی ہیں۔ بعض لوگ دنیا سے بے رغبتی ہی کو سب سے بڑی فضیلت سمجھتے ہیں۔ کچھ لوگوں کا معیار یہ ہے کہ وہ ہمہ وقت عبادت و بندگی میں جٹے رہنے ہی کو مایۂ فضل و شرف گردانتے ہیں، حالاں کہ سچی

بات یہ ہے کہ علم و عمل کی دولت سے بڑھ کر کوئی فضیلت نہیں ہے بلکہ یہ کہو کہ یہ تمام فضیلتوں کا مجموعہ مرکب ہے۔ اگر کسی کو یہ دولت صحیح معنوں میں ہاتھ آجائے تو اسے اپنے خالق و مالک کا عرفانِ کامل نصیب ہو جاتا ہے، اور اس کے ذریعہ محبت و خشیت الٰہی اور اس سے شوقِ ملاقات کی آنچ تیز ہوتی چلی جاتی ہے۔ سچ پوچھو تو فضائل و کمالات کا منتہائے مقصود یہ ہے۔

تمھیں پتا ہے کہ انسان کے حوصلہ وہمت کے مطابق ہی اسے کچھ ملا کرتا ہے۔ ایسا بہت کم ہوتا ہے کہ ہر مرید 'مراد بن جائے اور ہر طالب شوق مطلب رسا ہو جائے، تاہم لوگوں کو جدوجہد اور تگ و دو جاری رکھنا چاہیے جو اس کا نوشتہ تقدیر ہے وہ اسے مل کے رہے گا۔ اور نصرتِ حقیقی تو پروردگار ہی کی طرف سے ہے۔

معرفت اِلٰہی کی تعمیر

انسان کی فطرت کا تقاضا ہے کہ وہ سب سے پہلے کائنات رنگ و بو میں بکھرے ہوئے دلائل و شواہد کے ذریعہ اللہ تعالیٰ کی معرفت میں کمال پیدا کرے۔ ظاہر ہے کہ آسمان کو (بلا ستون) پھیلا ہوا، زمین کو بچھی ہوئی خصوصاً اپنے جسمانی نظام کو دیکھنے کے بعد اس بات کا یقین ہو جاتا ہے کہ اس کا کوئی بنانے والا ضرور ہے، جس طرح کسی پختہ ٹھوس عمارت کو دیکھ کر انسان کی توجہ معاً معمار کی طرف جاتی ہے۔

اس کے بعد رسول اللہ صلی اللہ علیہ وسلم کی نبوت و رسالت کی سچائی کے دلائل پر نظر کرے، اور آپ کی تصدیق کے لیے سب سے بڑی دلیل قرآن کریم ہے جس نے بھری دنیا کو اپنی سورتوں کے مثل ایک چھوٹی سی سورہ لانے سے آج تک عاجز و درماندہ کر رکھا ہے۔

اب جب وجودِ باری تعالیٰ اور رسالت محمدی۔ علی صاحبہا الصلوٰۃ والسلام۔ کا عقیدہ لوحِ دل پر نقش ہو جائے پھر اپنی عنانِ توجہ شریعت مطہرہ (کے اسرار و رموز سمجھنے) کی طرف موڑنا چاہیے، کیوں کہ اگر اس ترتیب کا خیال نہ رکھا جائے تو اس کے اِعتقاد کی دیواروں میں کبھی بھی دراڑ پیدا ہو سکتی ہے۔

اب اسے چاہیے کہ نماز و وضو کے ضروری مسائل معلوم کرے۔ صاحب دولت ہو تو زکوٰۃ کے مسئلے پر آگاہی حاصل کرے، اس طرح حج اور دین کے دیگر واجبات سیکھے۔ جب اسے ان واجباتِ دینیہ کا علم ہو جائے تو انھیں رنگ عمل دینا شروع کرے، اب جسے جتنی قوتِ پرواز ہے اسی کے مطابق وہ آسمانِ فضل و کمال پر کمندیں ڈالے گا۔ اب وہ چاہے تو قرآن کریم کا حفظ کرے، اس کی تفسیر سیکھے، حدیث رسول صلی اللہ علیہ وسلم میں درک حاصل کرے، آپ کی سیرت طیبہ کو پڑھے، صحابہ کرام کی سیرتیں جانے اور یوں بعد کے علما و مشائخ کی حیات و خدمات پر بھی نظر رکھے، تاکہ اس کا طائر علم و فضل آسمانِ ترقی کی طرف روبہ پرواز ہو سکے۔

یوں ہی زبان و بیان کی اِصلاح اور اس کی سلاست و بلاغت میں ترقی کے لیے اس کے قواعد و اُصول کا علم سیکھے اور مروّجہ زبان میں درک حاصل کرے۔

یاد رہے کہ فقہ تمام علوم کی جڑ ہے۔ اور وعظ و نصیحت اس کا پھل نیز اس کے فوائد و برکات کو پھیلانے کا ایک موثر ذریعہ۔

عزیز وافر تمیز! مذکورہ علوم و فنون میں۔ اللہ کی توفیق سے۔ میں نے بہت ساری کتابیں تصنیف کی ہیں جو تمہیں متقدمین مصنّفین کی کتابوں سے بے نیاز کر دیں گی، لہٰذا کتابوں کی چھان بین اور تصنیف کتب کے لیے تمہیں یہاں وہاں مارے مارے پھرنے کی کوئی ضرورت نہیں ہے، میں نے وہ سب کچھ تمہارے لیے پہلے ہی مہیا کر دی ہیں۔ انسان

کے حوصلے اس کی اپنی تساہلی کے باعث پژمردہ ہو جاتے ہیں ورنہ ان چیزوں سے انھیں کبھی سیری ہی نہیں ہوتی، اوراس کے بغیر انھیں چین ہی نہیں آتا۔

میں اس بات کو قطعی طور پر جانتا ہوں کہ ہمتیں انسانوں کے ساتھ پیدا ہوتی ہیں، ہاں بسا اوقات وہ پست ضرور پڑ جاتی ہیں تاہم کریدنے اور اُبھارنے سے وہ پھر چل پڑتی ہیں، لہٰذا جب کبھی اپنے اندر تساہلی دیکھو یا خود کو اِحساسِ کمتری کا شکار پاؤ تو اللہ کی بارگاہ سے توفیق خیر کی بھیگ مانگو، اوراس بات کا یقین رکھو کہ تمھیں ہر خیر و نعمت اس کی طاعت و بندگی سے ہاتھ لگتی ہے، یوں ہی ہر نقصان اس کی معصیت و نافرمانی کی وجہ سے پہنچتا ہے۔

ذرا مجھے بتاؤ کہ وہ کون ہے کہ جس پر مولا اپنے عطا و نوال کی بارش فرمائے اور وہ با مراد نہ ہو سکے ؟اور جس سے وہ اپنی رحمت و نعمت روک لے وہ کچھ پا سکے ؟؟ یا اپنے کسی مقصد میں مراد آشنا ہو سکے ؟؟؟۔

دیکھو شاعر نے کتنے مزے کی بات کہی ہے:

والله مَا جئتُكم زائرًا الا
رآيتُ الارضَ تُطوَى لي
ولا ثنيت العزم عن بابكم
الا تعثرتُ بآذيالي

یعنی قسم بخدا! جب میں تمہاری زیارت کے لیے آیا تو کیا دیکھا کہ زمین میرے لیے لپیٹ دی گئی ہے۔

لیکن جیسے ہی تمہارے دروازے سے ہٹنے کا اِرادہ کیا خود اپنے ہی دامن میں اُلجھ کر گر پڑا۔

پابندیِ شرع کا اہتمام۔ نیز کچھ میری باتیں۔

پسر عزیز! جب بات حدودِ شریعت کی آجائے تو ایسے وقت اپنے نفس کا بطورِ خاص جائزہ لیا کرو۔ پھر تمہیں پتا چل جائے گا کہ اس کا بچاؤ کیسے کیا جاتا ہے؟ کیوں کہ جو اپنے نفس کی حفاظت ورعایت میں کامیاب ہو گیا وہ صحیح معنوں میں کامیاب ہو گیا، اور جو اس محاذ پر ناکام ہو گیا سمجھو وہ مارا گیا۔ لگے ہاتھوں میں تمہیں اپنے کچھ احوال بھی بتا دیتا ہوں تا کہ تمہیں میری بے تکان محنتوں کا کچھ اندازہ ہو سکے اور مجھے اپنی دعائے خیر میں یاد کر سکو۔

مجھ پر جو کچھ بھی افضال وانعام ہوا اور جو بھی عزتیں نصیب ہوئیں اس میں میرے اپنے کسب سے زیادہ میرے مولا کی نوازش وعنایت شامل ہے۔ مجھے یاد ہے کہ جب میں زندگی کی چھٹی بہار میں داخل ہوا تو مجھے مکتب کی نذر کر دیا گیا، میں فطرتاً قوتِ ارادی کا بڑا دھنی واقع ہوا تھا۔ میں نے ہمیشہ اپنے سے بڑے بچوں سے دوستی کی، اللہ جل مجدہ نے عالم طفولیت ہی میں مجھے عقل وشعور کی وہ پختگی عطا فرمادی تھی جو شیوخ کی عقل وخرد پر بھی بھاری تھی۔

مجھے یاد نہیں آتا کہ میں نے کبھی سرراہ کسی بچے کے ساتھ کھیل کود کیا ہو، اور نہ ہی میں کبھی کھلکھلا کر ہنسا۔ اندازہ لگاؤ کہ جس وقت میں کوئی سات سال کا تھا جامع مسجد کے حلقاتِ درس میں حاضری دیا کرتا تھا۔ میں نے اتنی سی معمولی عمر میں بھی کبھی خود کو کسی شعبدہ باز یا لفظ کے بازی گروں کے پاس جانے کی اجازت نہ دی، بلکہ ایسے عالم میں میں محدثین کی تلاش میں سرگرداں پھرتا رہتا تھا، ان کی بارگاہ میں جا کر اپنی بساطِ شوق بچھا دیتا تھا، جب میں ان سے کوئی حدیث سنتا تو نہ صرف وہ حدیث بلکہ اس کی طویل ترین سند بھی حفظ کر لیتا تھا، پھر جب گھر لوٹتا تو وہ ساری یادداشتیں قید تحریر میں لا کر محفوظ کر دیتا

تھا۔

شیخ ابوالفضل ابن ناصر رحمہ اللہ (م ۵۵۰ھ) اپنی خاص توجہ و عنایت مجھ پر مرکوز رکھتے، مجھے لے کر شیوخِ حدیث کے پاس جاتے، انھیں کی صحبتوں میں رہ کر مجھے مُسند اور دیگر بڑی کتابوں کو سماع کرنے کا زرّیں موقع میسر آیا۔ نیز میں یہ سمجھنے سے قاصر تھا کہ ان کی طرف سے مجھ پر یہ بے پایاں کرم کیوں ہو رہا ہے۔

ساتھ ہی انھوں نے میرے ملفوظات بھی جمع کیے، پھر جب میں سن بلوغ کو پہنچا تو انھوں نے وہ تحریر مجھے دکھایا، پھر میں نے ان کے فیضانِ صحبت کو اپنے اوپر لازم کر لیا تا آں کہ وہ اپنے مالک حقیقی سے جا ملے۔ اللہ انھیں جوارِ رحمت میں جگہ نصیب فرمائے۔ تو معرفت و نقلِ حدیث کا یہ شعور میرے اندر ان کی کرم نوازیوں سے بیدار ہوا۔

یہ وہی دور تھا جب کہ میرے ہم عمر بچے دریائے دجلہ پر جا کر موج مستی کرتے، اور پُلوں پر چڑھ کر کھیل کود کیا کرتے تھے، اور میرا اپنا حال یہ تھا کہ (نفس کے ہزار لبھانے کے باوصف) چھوٹی سی عمر میں دنیا سے بے تعلق ہو کر حدیث کا کوئی صفحہ لیے گھر کے خلوت کدے میں پڑا ہوتا اور اپنے قصر علم کی تعمیر و ترقی میں مشغول رہتا۔

پھر زہد و ورع کی دولت نصیب ہوئی اور دنیا سے دل بیزار ہو گیا تو دن روزوں میں گزرنے لگا اور سفر زندگی کے لیے تھوڑے سے زادِ راہ پر میں نے قناعت کر کیا اور نفس کے گلے میں صبر و شکیب کا تعویذ ڈال دیا۔ یوں ہی کاروانِ حیات چلتا رہا، نیز یہ کہ نیم شبی کی خلوتوں میں اُٹھ کر مولا کو منانا اور دم سحر کی دعاؤں سے خود کو محظوظ کرنا میرا معمول تھا۔

پھر میں نے اپنے آپ کو علم کے کسی ایک فن کی تحصیل ہی پر قانع نہ ہونے دیا بلکہ بیک وقت سماعِ فقہ و حدیث اور وعظ و بیان سے گہرا شغف رہا، نیز زاہدانِ شب زندہ

داروں کی صحبتوں سے بھی اکتساب فیض و نور کرتا رہا۔ ساتھ ہی علم لغت سے بھی آشنائی کی اور ایسا کوئی فن نہ چھوڑا جس سے کہ عموماً گوشہ نشینی اختیار کر کی جاتی ہے یا جس کے بارے میں بار بار تاکید کرنی پڑتی ہے۔

یوں ہی جب کوئی مہمان یا اجنبی آجاتا تو میں اس کی ضیافت کے لیے بچھ بچھ جاتا اور جو کچھ موجود ہوتا پوری فراخ دلی سے اس کے روبرو پیش کر دیتا۔ اس طرح فضائل و کمالات کی ہر شاخ پر میں نے اپنا آشیانہ بنانے کی حتی المقدور کوشش کی۔

یوں ہی جب کبھی بیک وقت دو کام نکل آتے تو ان میں اس کام کو زیادہ ترجیح دیتا جو حق الحق کا آئینہ دار ہوتا، لہٰذا پروردگار نے میرے لیے ان حکمت و تدبیر کے عقدے حل فرما دیے اور مجھے ہمیشہ خیر و صلاح کی توفیق سے نوازا، ساتھ ہی حاسدین و اَعدائے دین کے مکر و فریب سے مجھے امان بخشا۔ اس نے میرے لیے اَسبابِ علم بہم پہنچائے، اور میرے رزق کا اہتمام اس انوکھے انداز سے فرمایا جس کا میں تصور بھی نہیں کر سکتا۔ مجھے فہم و فراست، حفظ کی سرعت اور تصنیف و تالیف کی جدت و ندرت سے بہرہ مند فرمایا۔ دنیا کی کسی چیز کا مجھے حاجت مند نہ کیا بلکہ جہاں جس چیز کی ضرورت ہوئی فوراً مہیا ہوئی اور امید سے زیادہ ملی۔

ان سب پر مستزاد یہ کہ مخلوق کے دلوں میں میری بے پایاں عقیدت و قبولیت کے چراغ روشن کر دیے، اور انھیں میری باتوں کا ایسا گرویدہ بنا دیا کہ ان کی صحت و درستی کے سلسلہ میں ان پر کبھی کوئی شک نہیں گزرتا۔ میرے ہاتھوں قریباً دوسو ذمی دامن اسلام میں آباد ہوئے، میری مجلسوں میں لاکھوں سے زیادہ خوش بختوں کو توبہ و رجوع نصیب ہوا اور کوئی بیس ہزار سے زیادہ ایسی کتابوں کا مطالعہ کیا جو جاہلوں کے بس کی بات نہیں۔

سماعِ حدیث کے سلسلے میں میں مشائخ کے گھروں کے طواف کرتا رہتا تھا، کبھی کبھی دوری کا اِحساس نفس کے لیے باعث مشقت بن جاتا، تاہم میں نے شوق کو امام بنا کر اپنے اس سفر کو جاری رکھا۔ اندازہ لگاؤ کہ جب صبح ہوتی تو میز پر کھانے کے لیے کچھ نہ ہوتا تھا، یوں ہی شام کے وقت بھی بھوکا رہنا پڑتا، تاہم مولانے کبھی کسی انسان کے سامنے جھکنے کی ذلت سے بچائے رکھا، اور اس نے خود ہی کہیں سے میری عزت پر پردہ رکھنے کے لیے رزق کا انتظام فرمادیا۔

اس طرح اگر میں اپنے احوال بسط و تفصیل کے ساتھ بیان کرنے پر آ جاؤں تو دفتر اس کے متحمل نہ ہو سکیں گے۔ تو مختصراً عرض یہ ہے کہ اب تم اپنے سر کی آنکھوں سے خود ہی دیکھو کہ میری حالت و نوبت کہاں پہنچ آئی ہے۔ لو اُن ساری کیفیات کو میں اللہ کی اس آیت کی روشنی میں بیان کیے دیتا ہوں:

وَ اتَّقُوا اللّٰہَ وَ یُعَلِّمُکُمُ اللّٰہُ ۥ (سورۂ بقرہ:۲، ۲۸۲)

اور اللہ سے ڈرتے رہو اور اللہ تمھیں (سب کچھ) سکھادے گا۔

توبہ میں جلدی اور وقت کی قدر و قیمت

نورِ نظر! اپنے نفس کے تئیں ہمیشہ چاق چوبند رہنا، کبھی اس سے مطمئن نہ ہونا۔ جو کچھ گناہ پہلے ہو چکے ان پر اشک ندامت بہاتے رہنا، اہل کمال سے اکتساب فیض اور ان کی صحبتوں میں اُٹھنے بیٹھنے کا موقع میسر آئے تو اسے غنیمت جاننا، جب تک دم میں دم ہے اَپنی شاخِ عمل کو سرسبز و شاداب رکھنے کی کوشش کرتے رہنا۔

تمہاری زندگی کے جو لمحے بیکار بیت گئے ان کا سوچو اُن میں خود تمہارے لیے درسِ عبرت موجود ہے۔ تو نے لذتوں کے دام میں آکر عمر عزیز کی کتنی گھڑیاں گنوادیں اور

فضل و کمال کے کتنے زینے طے کرنے سے محروم رہ گئے، حالاں کہ سلف صالحین۔ رحمہم اللہ۔ ہر قسم کے فضائل و کمالات کی تحصیل میں خود کو ہمہ تن مشغول رکھتے تھے، اگر ان میں سے کوئی ایک فضیلت بھی جاتی رہتی تو اس کے غم میں ان کی پلکوں سے اشکوں کے آبشار جاری ہو جاتے تھے۔

حضرت ابراہیم بن ادہم رحمہ اللہ (م ۱۶۲ھ) فرماتے ہیں کہ ہم کسی بیمار عبادت گزار کی عیادت کے لیے گئے، کیا دیکھتے ہیں کہ وہ اپنے دونوں قدموں پر نگاہیں جمائے ہوئے آہ و فغاں کر رہا ہے، ہم نے پوچھا: یہ بتائیں کہ اتنی گریہ وزاری کیوں کر رہے ہیں؟ فرمایا: ان قدموں کو اللہ کی راہ میں جادہ پیمائی نصیب نہ ہوئی، پھر دوبارہ رونے لگے تو پوچھا گیا: اب کیوں رو رہے ہیں؟ فرمایا: دراصل ایک دن میں روزہ نہ رکھ سکا تھا اور ایک مرتبہ رات کے قیام کی توفیق نہ ملی تھی۔

کاشانۂ دل کے مکیں! تمہیں معلوم ہونا چاہیے کہ دنوں کی حقیقتیں گھنٹوں میں چھپی ہوئی ہیں اور لمحے کے تار سانسوں سے بندھے ہوئے ہیں۔ یاد رہے کہ ہر سانس ایک خزانہ ہے۔ دیکھنا کہیں ایسا نہ ہو کہ تمہاری حیاتِ مستعار کی کوئی سانس بے کار چلی جائے اور وہ نا آشنائے لذتِ عمل رہ جائے، کیوں کہ اِس خزانے کو عرصۂ محشر میں پھر کھلنا ہے، لٰہذا آگاہ رہنا کہ اسے خالی دیکھ کر کہیں تمہیں کف ندامت ملنے پر مجبور نہ ہونا پڑے۔

کسی شخص نے عامر بن عبد قیس سے عرض کیا کہ ذرا رُکیے مجھے آپ سے کچھ باتیں کرنی ہیں۔ فرمایا: پہلے سورج کو روکو۔

کچھ لوگ حضرت معروف کرخی رحمہ اللہ (م ۲۰۰ھ) کی بارگاہ میں بیٹھے ہوئے تھے تو آپ نے فرمایا: آپ لوگوں کو اُٹھنے کی طبیعت نہیں چاہتی؟ ذرا سوچیں کہ آفتاب کا مالک اسے مستقل کھینچے جا رہا ہے، اور اسے ایک ذرا تکان نہیں آتی۔

حدیث شریف میں آتا ہے کہ 'سُبحَانَ اللّٰہِ وَبِحَمْدِہٖ' پڑھنے والے کے لیے جنت میں ایک باغ لگا دیا جاتا ہے۔ اب ذرا فکر کو آنچ دے کر سوچو کہ اپنے قیمتی وقتوں کا ضیاع کرنے والا کتنے بہشتی باغات کھو بیٹھتا ہے۔

سلف صالحین کا معمول یہ تھا کہ وہ ہر ہر لمحہ کو غنیمت جانتے تھے۔ اندازہ لگاؤ کہ حضرت کہمس بن حسن تمیمی علیہ الرحمہ (م ۱۴۹ھ) شب و روز میں تین قرآن ختم فرمایا کرتے تھے۔ اور ہمارے اسلاف میں چالیس نفوسِ قدسیہ ایسی گزری ہیں جو عشا کے وضو سے نمازِ فجر ادا کیا کرتی تھیں۔ اور حضرت رابعہ بصریہ علیہا الرحمہ (م ۱۸۰ھ) کا حال یہ تھا کہ وہ پوری رات یادِ مولا میں اپنے پہلو کو بستر سے جدا رکھتیں، پھر جب سپیدۂ سحر پھوٹنے کا وقت آتا ذرا دیر کے لیے لیٹتیں، پھر گھبرائی ہوئی اُٹھتیں اور اپنے نفس سے کہتیں: اتنا نہ سویا کر قبر کے اندر بہت لمبی نیند سونا ہے۔

دنیا کی عمر بہت کم ہے لہٰذا اُسے غنیمت جانو

جسے دولت عرفان نہیں ملتی وہ دنیا کی عمر کو بہت زیادہ سمجھتا ہے لیکن پس مرگ اسے معلوم ہو جائے گا کہ دنیا کا قیام کتنا مختصر تھا۔ بیٹے! یاد رکھ کہ قبر میں پڑے رہنے کی مدت کافی طویل ہے۔ پھر عرصہ قیامت کا سوچو جس کا ایک دن پچاس ہزار سال کے برابر بتایا جاتا ہے۔ اس سے آگے جنت یا دوزخ میں دائمی قیام پر غور کرو تو اس کی کوئی حد ہی نہیں ہے۔

اب دوبارہ دنیوی زندگی کا جائزہ لو۔ فرض کرو کہ ایک شخص کو ساٹھ سال کی زندگی ملی، تیس سال تو اس نے سونے میں گنوا دیے، اور قریباً پندرہ سال بچپن کے لااُبالی پن میں گزر گئے۔ اب جو باقی بچے، ان کا اگر دیانت داری سے جائزہ لو تو زیادہ تر اوقات لذات و

شہوات اور کھانے کمانے میں بیت گئے۔ اب جو تھوڑی بہت کمائی آخرت کے لیے کی تھی اس کا اکثر حصہ غفلت اور نام و نمود کی نحوست سے اَٹا ہوا ہے۔ اب بتاؤ وہ کس منہ سے حیاتِ سرمدی کا سودا کرے گا۔ اور یہ سارا کا سارا سودا انھیں گھڑیوں اور سانسوں پر موقوف تھا!۔

اِحساسِ کمتری سے نکلو اور سمندِ عمل کو مہمیز کرو

جانِ پدر! ماضی کی غلطیوں کو یاد کر کے اپنے اندر اِنابت و رجوع کی للک پیدا کرو۔ ایسا نہ ہو کہ ان نابکاریوں سے مایوس ہو کر عمل خیر کا جوش ہی ٹھنڈا پڑ جائے۔ تجھے معلوم ہونا چاہیے کہ دنیا کی تاریخ میں نہ معلوم کتنے خوش بختوں کی زندگی میں شام غفلت کے بعد بیداری کی سحر طلوع ہوئی ہے۔

یہ دیکھو شیخ ابو حکیم نہروانی (م۵۵۶ھ) نے (اپنے والد ماجد) قاضی القضاۃ ابوالحسن علی بن محمد دامغانی رحمہ اللہ (م۴۷۸ھ) کے حوالے سے کتنا روح پرور واقعہ بیان فرمایا ہے۔ کہتے ہیں کہ میں اپنے عالم طفولیت میں شجاعت و دلیری کے کاموں میں بڑھ چڑھ کر حصہ لیتا تھا اور علم واَدب سے میرا کوئی خاص سروکار نہ تھا۔

ایک دن حضرت محمد بن علی دامغانی۔ رحمہ اللہ۔ نے مجھے یاد کیا اور فرمایا: بیٹے! مجھے ہمیشہ تمہارے درمیان باقی نہیں رہنا، لہٰذا ایسا کرو کہ یہ بیس دینار پکڑو اور کہیں نان کی دوکان کھول کر خود اپنے معاش کے کفیل بنو۔

میں نے عرض کیا: آپ یہ کیا کہہ رہے ہیں؟۔

فرمایا: اگر وہ نہیں کرسکتے تو جاؤ کہیں پارچہ فروشی کی دکان ڈال لو۔

میں نے عرض کیا: آپ کس چیز کا مجھے حکم دے رہے ہیں؟۔ میں قاضی القضاۃ ابو عبد اللہ دامغانی کا لختِ جگر ہوں۔ کیا یہ چیزیں میرے لیے زیبا ہیں!۔

فرمایا: جب تمھیں اپنے باپ کی وراثت کا اِتنا ہی خیال ہے تو علم و آگہی سے اپنا تعلق اُستوار کیوں نہیں کرتے!۔

میں نے کہا: ٹھیک ہے پھر آج سے میرے درس کا اہتمام فرمائیں، چنانچہ انھوں نے میری تعلیم کا آغاز فرما دیا، ازاں بعد علم کے میدان میں میری دلچسپی بڑھتی چلی گئی اور میری بے تکان جد وجہد کے نتیجے میں پروردگار نے فضل وکمال کے سارے در مجھ پر وا فرما دیے۔

حضرت ابو محمد عبد الرحمن بن محمد حلوانی رحمہ اللہ (م ۵۰۵ھ) کے کسی راز داں نے مجھے بتایا کہ وہ فرمایا کرتے تھے: جس وقت میرے والد کا اِنتقال ہوا میری عمر کوئی اکیس سال رہی ہوگی، اور میں لوگوں میں اپنی بیکاری اور آوارگی کی وجہ سے جانا جاتا تھا۔ ایک مرتبہ میں اپنے موروثہ کسی مکان کے رہائش نشینوں سے تقاضا کرنے گیا تو وہ کہنے لگے: دیکھو آگیا غیر کے ٹکڑوں پر پلنے والا!۔

یہ سن کر میں نے اپنے جی میں کہا: لوگ مجھے ایسا کہتے ہیں!۔ پھر میں وہاں سے سیدھا اپنی والدہ کے پاس آیا اور عرض کیا: جب آپ کو میری ضرورت پڑے تو مجھے شیخ ابو الخطاب (محفوظ بن احمد کلوذانی [م ۵۱۰ھ]) کی مسجد سے بلوا لیجیے گا، پھر میں نے ان کی بافیض صحبت اپنے اوپر ایسی لازم کر لی کہ سوائے فطری ضرورت کے باہر نہ جاتا تھا، پھر ایک وقت وہ بھی آیا کہ میں اپنے وقت کا قاضی ہوگیا۔

میں (ابن جوزی) کہتا ہوں کہ میں نے اپنی ان آنکھوں سے انھیں خود فتوے دیتے اور مناظرے کرتے دیکھا ہے۔

شب وروز کا ترتیبی انداز

پیارے بیٹے! طلوعِ فجر کے وقت جاگ جانے کی عادت ڈالو، وہ وقت بڑا گراں مایہ ہوتا ہے، لہٰذا اس وقت بطورِ خاص دنیا کی کوئی بات نہ کرنا، کیوں کہ سلف صالحین۔رحمہم اللہ۔کا یہ معمول تھا کہ وہ اُس وقت (اُمورِ دینیہ کے علاوہ) دنیا کے کسی معاملے کو زیر بحث نہیں لاتے تھے۔جب نیند سے بیدار ہو تو یہ دعا پڑھنا نہ بھولو:

الحَمْدُ لِلّٰہِ الَّذِي أحْيَانَا بَعْدَ مَا أمَاتَنَا وَ إلَيْہِ النُّشُورُ(۱)، الحَمْدُ لِلّٰہِ الَّذِيْ يُمْسِكُ السَّمَا ءَ أنْ تَقَعَ عَلَى الأرْضِ إلاَّ بِإذْنِہٖ إنَّ اللّٰہَ بِالنَّاسِ لَرَؤُوفٌ رَّحِيْمٌ (۲)

یعنی تمام تعریفیں اللہ جل مجدہ کے لیے ہیں جس نے ہمیں وادیِ موت میں اُتر جانے کے بعد دوبارہ زندگی بخشی اور انجام کار اسی کی طرف پلٹ کر جانا ہے۔ ہر قسم کی حمد وثنا اس مالک الملک کے لیے زیبا ہے جو آسمان (یعنی خلائی وفضائی کروں) کو زمین پر گرنے سے (ایک آفاقی نظام کے ذریعہ) تھامے ہوئے ہے مگر اسی کے حکم سے (جب وہ چاہے گا آپس میں ٹکرا جائیں گے) بے شک اللہ تمام انسانوں کے ساتھ نہایت شفقت فرمانے والا بڑا مہربان ہے۔

پھر فطری ضرورتوں کی تکمیل کے بعد باطہارت ہو کر قلب وباطن کے پورے جھکاؤ کے ساتھ سنت فجر اَدا کرو پھر ادائے فرض کے لیے سراپا اَدب بن کر مسجد پہنچو۔ ہو سکے تو سر راہ یہ دعا پڑھ لو:

اللّٰھُمَّ إنِّي أسْئَلُكَ بِحَقِّ السَّائِلِيْنَ عَلَيْكَ وَبِحَقِّ مَمْشَايَ ھٰذَا إنِّي لَمْ أخْرُجْ أشَراً وَلاَ بَطَراً ولاَرِيَاءً وَلاَ سُمْعَةً خَرَجْتُ اِتِّقَاءَ سَخَطِكَ وَابْتِغَاءَ مَرْضَاتِكَ أسْئَلُكَ أنْ تُجِيْرَنِي مِنَ النَّارِ وَاَنْ تَغْفِرَلِي ذُنُوبِي إنَّه لاَ يَغْفِرُ الذُّنُوبَ إلاَّ اَنتَ۔ (۳)

---

(۱) صحیح بخاری:۲۱/۹۴حدیث:۶۳۱۲۔۔۔ صحیح

مسلم:۱۷/ ۳۵۰ حدیث: ۷۰۶۲۔۔۔ سنن ابوداؤد:۱۴/ ۴۰۳ حدیث:۵۰۵۱۔۔سنن ترمذی:۱۲/ ۳۳۵ حدیث:۳۷۴۵۔۔۔ سنن ابن ماجہ:۱۱/ ۴۹۳ حدیث: ۴۰۱۳۔۔ صحیح ابن حبان:۲۳/ ۸۸ حدیث:۵۶۲۳۔۔۔ سنن کبریٰ نسائی: ۶/ ۱۹۲ حدیث:۱۰۶۰۸۔۔۔ شعب الایمان بیہقی:۹/ ۴۱۳ حدیث: ۴۲۱۳۔

(۲) صحیح ابن حبان:۱۲/ ۳۴۳ حدیث: ۵۵۳۳۔۔ مستدرک حاکم:۵/ ۶۷ حدیث:۱۹۷۹۔۔۔ جمع الجوامع سیوطی:۱/ ۱۸۹۰ حدیث:۱۵۵۳۔۔۔ سنن کبریٰ نسائی:۶/ ۲۱۳ حدیث: ۱۰۶۹۰۔

(۳) سنن ابن ماجہ:۳/ ۵۱ حدیث: ۸۲۷۔۔۔ مسند احمد بن حنبل:۲۳/ ۴۸۷ حدیث:۱۱۴۵۵۔

یعنی اے اللہ! تیری بارگاہ میں اُٹھے ہوئے منگتوں کے ہاتھوں اور تیرے گھر کی طرف اُٹھتے ہوئے قدموں کے تصدق میں تجھ سے سوال کرتا ہوں کہ میرا یہ نکلنا سستی، برائی اور دکھاوے کا نکلنا ثابت نہ ہو۔ تیرے غضب سے ڈرتے ہوئے تیری رضا کی تلاش میں نکل آیا ہوں۔ تجھ سے بس یہی التجا ہے کہ مجھے آتشِ جہنم سے آزاد فرما، میرے گناہوں کو غائط کر دے، کیوں کہ بلاشبہ وہ تو ہی ہے جو گناہوں کو معاف کر دیا کرتا ہے۔

مقدور بھر کوشش کیا کرو کہ امام کے دائیں طرف نماز پڑھنے کی سعادت نصیب ہو۔ نماز سے فارغ ہو کر دس مرتبہ

'لَا إِلٰهَ إِلَّا اللّٰهُ وَحْدَهُ لَاشَرِيكَ لَهُ، لَهُ الْمُلْكُ وَ لَهُ الْحَمْدُ وَ هُوَ عَلٰى كُلِّ شَيْئٍ قَدِيرٌ(۱)'

پڑھا کرو۔ پھر دس مرتبہ "سبحان اللہ" دس مرتبہ "الحمد للہ" اور دس مرتبہ "اللہ اکبر" کہہ کر آیت الکرسی پڑھ لیا کرو، اور پھر اللہ تعالیٰ سے قبولیتِ نماز کی دعا مانگو۔ اگر

دل جمے تو وہیں بیٹھ کر طلوعِ آفتاب بلکہ اس کے بلند ہونے تک ذِکر الٰہی میں مشغول رہو پھر (نمازِ اشراق کی) جتنی رکعتیں ہو سکیں اَدا کرو، آٹھ ہوں تو بہتر ہے۔

---

(۱) صحیح بخاری:۲۱/۲۴۵ حدیث:۶۴۰۴۔۔۔ معجم کبیر طبرانی:۴/۲۲۳ حدیث:۳۹۱۶۔۔۔ جمع الجوامع سیوطی:۱/۲۳۸۱۶ حدیث:۵۹۱۴۔

شب وروز کے معمولات

اب سورج کی کرنیں ہر سو بکھر چکی ہیں، اپنے آپ کو علم کی گتھی سلجھانے میں لگا دو۔ ان میں سب سے زیادہ اہم صحتِ قرأتِ قرآن ہے، پھر فقہ۔ اگر تم چاشت کے وقت تک اپنے اسباق کی تیاری کرلو تو صلوٰۃ الضحیٰ کی آٹھ رکعتیں پڑھنا نہ بھولو۔ پھر مطالعہ کتب یا تحریر وکتابت کا مشغلہ عصر تک جاری رکھو۔ عصر سے مغرب تک پھر اپنے اسباق کی تیاری میں جٹ جاؤ۔ نمازِ مغرب کے بعد دو رکعتیں خاص طور سے پڑھ لیا کرو، جس میں دو جزء قرآن کی تلاوت کیا کرو۔ اب نمازِ عشا کے بعد پھر اپنے اَسباق کو یاد کرنے میں منہمک ہو جاؤ۔

جب بستر پر جاؤ تو تینتیس مرتبہ "سُبحَانَ اللہِ" تینتیس مرتبہ "الحَمْدُللہِ" اور چونتیس مرتبہ "اللہُ اَکبَرُ" (۱) کا ورد کر کے یہ دعا پڑھو:

اللّٰہُمَّ قِنِي عَذَابَکَ یَومَ تَجْمَعُ عِبَادَکَ) ٢٥)

مولا! جس دن (یعنی بروزِ قیامت) بندوں کی شیرازہ بندی ہو گی اس دن اپنے عذاب وعتاب سے ہمیں بچالینا۔

---

(۱) صحیح بخاری:۲۱/ ۱۰۴ احدیث:۶۳۱۸۔

(۲)سنن ترمذی:۱۲/ ۳۰۶ حدیث: ۳۷۲۶۔۔۔ مسند حمیدی:۲/ ۳۶ حدیث:۱۷۴۔۔۔ سنن نسائی کبریٰ: ۶/ ۱۸۸ احدیث: ۱۰۵۹۲۔۔۔ مسند ابویعلی موصلی:۳/ ۲۴۳ حدیث: ۱۶۸۲۔۔۔ مسند احمد بن حنبل:۱/ ۳۹۴ حدیث: ۳۷۴۲۔۔۔ مسند اسحق بن راہویہ:۴/ ۱۹۰ احدیث:۶۔۔۔ مسند ابن ابی شیبہ:۵/ ۳۲۴ حدیث:۲۶۵۳۸۔۔۔ اتحاف الخیرۃ المھرۃ بزوائد المسانید العشرۃ:۲/ ۲۱۔

جب نیند سے آنکھیں کھلیں، فوراً اپنے پہلو کو خواب گاہ سے جدا کردو اور یہ سمجھو کہ نفس نے اپنا کام پورا کر کیا ہے، لہٰذا اُٹھو اور جاکر وضو کرو اور نیم شبی کی خلوتوں میں جتنا ہوسکے پروردگار کی بارگاہ میں سجدوں کا خراج پیش کرو، اوسطاً دو رکعتیں اَدا کروان کے بعد پھر دو مزید رکعتیں جن میں دو جزء قرآن کی تلاوت کرو۔ ازاں بعد تحصیل علم اور اپنے اسباق کی تیاری میں لگ جاؤ، کیوں کہ علم بہرحال ہر طرح کے نوافل سے افضل ہے۔

خلوت نشینی اور علم

تنہائی وعزلت نشینی کو اپنے اوپر لازم کر کو، کیوں کہ اس سے خیر کے چشمے پھوٹتے ہیں۔ برے اور بے فیض دوستوں کی صحبت سے کلیۃً اجتناب کرو، بہتر تو یہی ہے کہ کتابوں کو اپنا دوست، اور اَسلافِ کرام کی سیرتوں کو اپنا آئیڈیل بناؤ۔ ایسے علم و فن کو اپنے گرد نہ بھٹکنے دو جس سے پہلوں کی عظمتوں پر آنچ آتی ہو، اور علم و عمل کو کارآمد بنانے میں اَربابِ فضل وکمال کی سیرت وسوانح سے روشنی حاصل کرو، اس سے کم پر کبھی

راضی نہ ہونا۔ دیکھو کسی شاعر نے کیسے پتے کی بات کہی ہے:

وَ لم ارَ في عُيوب الناس شيئًا
كنقص القادرين علَى التَّمَام

یعنی کام کو بحسن وخوبی انجام دینے پر قدرت رکھنے والوں کی کوتاہی کے مثل میں نے لوگوں میں کوئی عیب نہیں دیکھا۔

پسر ارجمند! اس بات کو دِل کی تختی پر بٹھالے کہ نورِ علم نے نہ معلوم کتنے بے نشانوں کے گھر روشن کر دیے ہیں۔ دنیائے تاریخ میں ایسے اَرباب علم کی ایک لمبی فہرست ہے جن کے حسب ونسب کا کوئی اَتا پتا نہیں اور حسن وجمال کی انھیں ہوا تک نہیں لگی، لیکن وہ قوم کے اِمام ہوئے۔ شاید تمہیں معلوم نہیں کہ حضرت عطا بن ابی رباح (م۱۱۴ھ) کتنے سیاہ فام اور مکروہ خلقت تھے!۔

ایک مرتبہ خلیفہ وقت سلیمان بن عبد الملک (م۹۹ھ) اپنے دو صاحبزادوں کے ساتھ ان کی بارگاہ میں حاضر ہوا تو وہ ان سے دین کے مسائل پوچھنے لگے تو انھوں نے ان سے بات چیت تو کی مگر اخیر وقت تک اپنا چہرہ اُن سے چھپائے رکھا۔ چنانچہ خلیفہ سلیمان کو اپنے بچوں سے کہنا پڑا: چلو اَب چلتے ہیں کہیں ایسا نہ ہو کہ تمہارے طلب علم کا جوش و خروش ٹھنڈا پڑ جائے۔ میں اس سیاہ فام غلام کے سامنے اپنی ذلت بھول نہیں سکتا۔

اور وقت کی عظیم وجلیل ہستی حضرت حسن بصری (م۱۱۰ھ) کون تھے؟ ایک غلام ہی تو۔ یوں ہی ابن سیرین (م۱۱۰ھ)، شیخ مکحول (م۱۱۲ھ) اور بہت سے دیگر اکابر، مگر انھیں جو عزت و وقار ملا اور لوگوں کے دل میں اُن کی عظمت و محبت کی جو شمع فروزاں ہوئی تو اس میں بس اُن کے علم وعمل اور تقویٰ وطہارت کا دخل تھا۔

تقویٰ و طہارت کی فضیلت

عزیز بیٹے! اپنی عزت و حرمت کا خاص خیال رکھو اور دنیا کے دام ہمرنگ زمین سے بچو، یوں ہی دنیاداروں کا اِحترام اپنے دل کے آبگینے میں کبھی نہ اُترنے دینا۔ قناعت پسندی اِختیار کرو، عزت دینے والا لوگوں کے دل تمہاری محبت سے آباد کر دے گا۔ عربی کا کتنا پیارا محاورہ ہے:

من قنع بالخبز والبقل لم يستعبده أحد٥

یعنی جس نے نان و سبزی پر قناعت کر لی وہ کبھی کسی کا غلام نہیں بنا۔

ایک دیہاتی شہر بصرہ کا جائزہ لیتے ہوئے پوچھتا ہے کہ اس شہر کا سردار کون ہے؟

جواب ملا: حسن بصری۔ پوچھا: یہ ان کے سردار کیسے اور کب سے بن گئے؟۔

فرمایا: اِنھیں اُن کی دنیا سے کوئی سروکار نہیں لیکن وہ ہر قدم پر ان کے علم و ہدایت کے محتاج ہیں۔

بیٹے تمہاری معلومات کے لیے عرض کیے دوں کہ میرے والد (اور تمہارے دادا) بڑے مالدار تھے، اور اپنے پیچھے مال و دولت کا ایک انبار چھوڑ کر گئے۔

اس وقت تمہارا باپ ننھی عمر کا ایک بچہ تھا، سن بلوغ تک پہنچنے تک اس موروثی مال سے اس کی بہترین تربیت ہوتی رہی، لیکن جب وہ عاقل و بالغ ہوا تو دو گھر کے سوا اور کچھ اس کے ہاتھ نہ آیا، ایک میں تو وہ خود سکونت پذیر تھا اور دوسرا کرایہ داروں سے آباد تھا۔

ایک دن اسے کوئی بیس دینار دے کر کہہ گیا: یہ تمہارا سارا ترکہ ہے اور باپ کی وراثت سے یہ تمہارا حصہ ہے، چنانچہ میں نے وہ دینار لیے اور جا کر سارے پیسوں کی علمی کتابیں خرید لیں۔

پھر دونوں گھر بھی فروخت کر دیے اور ان کے پیسے طلب علم میں لگا دیے، پھر ایک

وقت وہ بھی آیا کہ میرے پاس کچھ مال بھی نہ بچا، لیکن تمہارا باپ غیور تھا اس نے کبھی بھی اوروں کی طرح دنیا طلبی میں کسی کے سامنے ہاتھ نہ پھیلائے، دیگر خطبا و مقررین کی طرح شہر در شہر دورے کر کے پیسے نہیں جٹائے، اور نہ کبھی کسی کے پاس کچھ مانگنے کے لیے کوئی رقعہ بھیجا، پھر بھی اس کے سارے کام بہت خوب چل رہے ہیں۔ فرمانِ رب العزت ہے:

وَ مَنْ يَّتَّقِ اللّٰہَ يَجْعَلْ لَہٗ مَخْرَجاً وَّ يَرْزُقْہُ مِنْ حَيْثُ لاَ يَحْتَسِبْ (سورۂ طلاق: ۶۵،۳)

اور جو اللہ سے ڈرتا ہے وہ اس کے لیے (دنیا و آخرت کے رنج و غم سے) نکلنے کی راہ پیدا فرما دیتا ہے اور اسے ایسی جگہ سے رزق عطا فرماتا ہے جہاں سے اس کا گمان بھی نہیں ہوتا۔

تقویٰ بہترین توشۂ راہ

نورِ دیدہ! جب تقویٰ و طہارت کی چول صحت و درستی پر قائم ہو گی تو روئے خیر و صلاح کو تم بے نقاب دیکھ لو گے۔ صاحب تقویٰ کی شان یہ ہوتی ہے کہ وہ خلق خدا کے دکھاوے کے لیے کچھ نہیں کرتا (جو کرتا ہے محض رضائے مولا کے لیے کرتا ہے) اور ایسی چیزوں کو ہاتھ بھی نہیں لگاتا جو اس کے دین و ایمان کے لیے مضرت رساں ہوں۔ سیدھی سی بات ہے جو اللہ سبحانہ و تعالیٰ کے حدود و حقوق کی رعایت کرتا ہے پروردگار عالم خود اُس کی حفاظت فرماتا ہے۔

جیسا کہ پیغمبر اسلام صلی اللہ علیہ و آلہ وسلم نے عبد اللہ بن عباس رضی اللہ تعالیٰ عنہما سے فرمایا:

اِحْفَظِ اللّٰہَ يحْفَظْکَ، اِحْفَظِ اللّٰہَ تَجِدْہُ أَمَامَکَ.... (۱)

یعنی اللہ (کے فرامین) کی حفاظت کرو، اللہ خود تمہارا محافظ بن جائے گا، اور جب تم اللہ کے حقوق کی رعایت کروگے تو ہر کام میں تم اسے پیش پیش پاؤگے، (یعنی مددگار)۔

جگر پارے! حضرت یونس علیہ السلام کے واقعہ پر غور کرو تو تم پر خود بخود عیاں ہو جائے گا کہ اُن کے پاس اعمالِ خیر کا جو ذخیرہ موجود تھا محض اس نے انھیں مشکل کی گھڑی سے نجات دلوائی۔ اللہ جل مجدہ فرماتا ہے:

فَلَو لاَ أَنَّہٗ کَانَ مِنَ الْمُسَبِّحِیْنَ لَلَبِثَ فِي بَطْنِہٖ إِلٰی یَومِ یُبْعَثُونَ(۲)

پھر اگر وہ (اللہ کی) تسبیح کرنے والوں میں سے نہ ہوتے تو اس (مچھلی) کے پیٹ میں اُس دن تک رہتے جب لوگ (قبروں سے) اُٹھائے جائیں گے۔

---

(۱) مسند عبد بن حمید: ۲/۲۵۴ حدیث: ۶۳۸ --- شعب الایمان بیہقی: ۳/۱۳۵ حدیث: ۱۰۸۹ --- مستدرک حاکم: ۱۴/۴۰۷ حدیث: ۶۳۶۴ --- مسند شہاب قضاعی: ۳/۱۵۵ حدیث: ۶۹۵ --- مسند احمد بن حنبل: ۶/۳۸۳ حدیث: ۲۸۵۷ --- مجمع الزوائد و منبع الفوائد: ۷/۱۰۸ حدیث: ۱۱۷۸۵۔

(۲) سورۂ صافات: ۱۴۳ تا ۱۴۴۔

اب قصہ فرعون کا جائزہ لو کہ اس کا دامن حیات 'عمل خیر اور اچھائیوں سے یکسر خالی تھا پھر کیا ہوا کہ وہ بے موت مارا گیا اوراس کی مشکل میں کچھ کام نہ آیا۔ ارشادِ خداوندی ہوا:

آلْئٰنَ وَ قَدْ عَصَیْتَ قَبْلُ(۱)

اب (ایمان لاتا ہے!) حالاں کہ تو پہلے (مسلسل) نافرمانی کرتا رہا ہے۔

لہٰذا زندگی کی بچی کھچی سانسوں کو تم نیکیوں اور تقویٰ و طہارت کے پھول سے آراستہ کر کو اُس کی تاثیر و برکت (دارین میں) کھلے آسمان کی طرح دیکھو گے۔

حدیث رسالت مآب میں آتا ہے:

مَا منْ شَاب اتقَى اللهَ تعالَى في شبَابه إلا رفعَه اللهُ تعالیٰ في كِبَره(٢)

یعنی جو شخص بھی اپنے عہد شباب کو تقویِ الٰہی اور خشیت مولا سے آباد رکھتا ہے پروردگار عالم (عالم جوانی میں عزت دینے کے ساتھ ساتھ) اس کے بڑھاپے کو بھی قابل قدر اور باعث عزت بنا دیتا ہے۔

اِرشادِ باری تعالیٰ ہے:

وَ لَمَّا بَلَغَ أشُدَّهُ اٰتَيْنا حُكْماً وَّ عِلْماً وَّ كَذٰلِكَ نَجْزِى الْمُحْسِنِيْنَ (٣)

---

(۱) سورۂ یونس: ۱۰/ ۹۱۔

(۲) یہ روایت مجھے کہیں نہیں ملی۔ ہاں اس مضمون کی ایک روایت یوں ملتی ہے:

☆ما من شاب یدع لذۃ الدنیا ولھوھا ویستقبل بشبابہ طاعۃ اللہ الا اعطاہ اللہ اجر اثنین وسبعین صدیقا۔ (جمع الجوامع: ۲۱۳۱۴ حدیث: ۱۱۵۶۔۔۔ حلیۃ الاولیا ۴/ ۱۳۹۔۔۔ جامع الاحادیث: ۱۹/ ۱۷۹ حدیث: ۲۰۵۱۲۔۔۔ جامع الاحادیث القدسیہ: ۱/ ۶۳ حدیث: ۱۰۸۸۶) (۳) سورۂ یوسف: ۱۲/ ۲۲۔

یعنی اور جب وہ اپنے کمالِ شباب کو پہنچ گیا (تو) ہم نے اسے حکم (نبوت) اور علم (تعبیر) عطا فرمایا، اور اسی طرح ہم نیکوکاروں کو صلہ بخشا کرتے ہیں۔

فرزند ارجمند! تجھے ایک تجربے کی بات بتائے دیتا ہوں کہ ذخائر اعمال میں سب

سے بڑی نیکی یہ ہے کہ نامحرم سے نگاہوں کی حفاظت کی جائے، اور فضول و عبث باتوں سے زبان کو روکا جائے، حدودِ الٰہیہ کی رعایت کے ساتھ نفسانی خواہشات پر اَوامر الٰہی کو مقدم رکھا جائے۔ تمھیں زمانۂ ماضی کے اُن تین بندوں والی حدیث معلوم ہوگی جو کسی غار کے اندر گھسے تو اوپر سے ایک چٹان نے ان کا راستہ بند کر دیا۔ انھوں نے چٹان ہٹانے کے ہزار جتن کیے، مگر کامیاب نہ ہوئے۔

تینوں نے اس امر پر اتفاق کیا کہ اب اس کے علاوہ کوئی راستہ نہیں کہ ہم باری تعالیٰ سے دعا کریں اور اپنے نیک عمل کے وسیلے سے نجات کے طلب گار ہوں۔ چنانچہ ان میں سے ایک نے جنابِ باری میں عرض کیا: بارِ الٰہا! تجھے معلوم ہے کہ میرے والدین بھی تھے اور بچے بھی، مگر میں ہمیشہ پہلے اپنے والدین کو سیراب کر کے پھر بچوں کو دودھ پلایا کرتا تھا، میرا وہ کام اگر خالص تیری رضا کے لیے ہوا ہو تو اس کی برکت سے اس مشکل میں آسانی پیدا فرما، چنانچہ غار کے دہانے سے ایک تہائی چٹان کھسک گئی۔

دوسرے نے کہا: مولا! میں نے چند مزدور کرائے پر حاصل کیے تھے، اور ان سب کو اُجرت دے دی تھی، صرف ایک شخص ایسا باقی رہ گیا تھا جو اپنی اُجرت لیے بغیر چلا گیا تھا۔ پھر میں نے اس کی اُجرت کی رقم تجارت میں لگا دی، اس کا مال بے حساب بڑھتا چلا گیا۔

ایک دن وہ شخص آیا اور کہنے لگا: اے بندۂ خدا! میری اُجرت دے۔ میں نے اس سے کہا کہ یہ سب اونٹ، گائیں، بکریاں اور غلام تیری اُجرت ہیں۔ اس نے کہا: کیا تو مذاق کر رہا ہے؟۔

میں نے کہا: یہ مذاق نہیں ہے تو اپنا مال اُٹھا اور جہاں چاہے لے جا، چنانچہ وہ اپنے تمام جانور اور غلام ہنکا کر لے گیا۔ اے پروردگار! اگر میں نے یہ کام تیری رضا کے لیے

کیا ہو تو ہم پر مہربانی فرما، چنانچہ چٹان دو تہائی کھسک گئی، مگر اتنی نہیں کہ اس سے وہ باہر نکل سکیں۔

تیسرے نے کہا: اے اللہ! ایک بار اپنی چچازاد بیٹی پر میرا دل آگیا تو جیسے ہی میں اس کے قریب گیا وہ بول اُٹھی: کچھ تو اللہ کا خوف کر، یہ سن کر میں خوف زدہ ہو گیا اور اپنے ناپاک اِرادے سے باز آگیا۔ اب اگر ایسا میں نے تیری رضا کے لیے کیا ہو تو ہم پر راستہ کشادہ فرمادے، چنانچہ وہ چٹان ہٹ گئی اور وہ تینوں باسلامت باہر نکل آئے۔

حضرت سفیان ثوری رحمہ اللہ (م ۱۶۱ھ) کو خواب میں دیکھ کر پوچھا گیا: اللہ تعالیٰ نے آپ کے ساتھ کیا معاملہ کیا؟، فرمایا: جیسے ہی مجھے زیر لحد رکھا گیا، میری مولا جل وعلا کی بارگاہ میں پیشی ہوئی، اور پھر لگے ہاتھوں مجھے جنت میں داخل ہونے کا پروانہ جاری ہو گیا۔

اب جب میں اس کے اندر داخل ہوا تو کوئی کہنے والا کہہ رہا تھا: کیا تم سفیان ہو!۔ میں نے کہا: ہاں سفیان ہی ہوں۔ فرمایا: اُن دِنوں کو یاد کرو جن میں تم نے اپنی خواہشوں پر ذاتِ باری تعالیٰ کو ترجیح دیا تھا۔ میں نے کہا: ہاں یاد ہیں۔ پھر اتنے میں بہشت کے دسترخوان قطار در قطار میرے لیے بچھا دیے گئے اور جنتی حوروں نے مجھے اپنے گھیرے میں لے لیا۔

علم وعمل کا باہمی رشتہ

بیٹے! اپنے حوصلہ وہمت کو بال وپر دے کر فضل وکمال کی فضاؤں میں مائل پرواز ہو جا۔ دنیا میں کچھ لوگ وہ ہیں جو زہد کے دروازے سے آگے نہیں بڑھنا چاہتے، اور کچھ لوگ تو (عمل سے بے پرواہو کر) محض علم کے پیچھے پڑ گئے، مگر اس سے آگے کچھ عالی

بخت وہ ہیں جنھوں نے علم کامل کے ساتھ عمل صالح کو بھی پروان چڑھایا۔

تیری معلومات کے لیے بتائے دیتا ہوں کہ مجھے تابعین اور اُن کے بعد کے لوگوں کی سیرت وسوانح پڑھنے کی سعادت نصیب ہوئی ہے، لیکن چار نفوسِ قدسیہ سے بڑھ کر فضل و کمال کا حامل میں نے کسی کو نہ دیکھا: سعید بن مسیب (م۹۴ھ)، سفیان ثوری(م۱۶۱ھ)، حسن بصری(م۱۱۰ھ) اور احمد بن حنبل(م۲۴۱ھ)۔ علیہم الرحمۃ والرضوان۔ اور یہ وہ لوگ ہیں جن کے عزم واِرادے فولاد کی مانند تھے اور وہ صحیح معنوں میں مردِ میداں تھے، مگر وہ حوصلے اور ہمتیں اب ہم میں جواب دے گئیں۔

اسلافِ کرام میں ایسے بہت ہوئے ہیں جو عزم و ایقان کے دھنی تھے۔ اگر تمھیں ان کے احوال وکوائف کی سچی جستجو ہو تو میری کتاب "صفۃ الصفوۃ" میں تلاش کرو، ورنہ میں نے "اخبارِ سعید"، اخبارِ سفیان" اور "اخبارِ احمد بن حنبل" کے نام سے الگ الگ کتابیں بھی مرتب کی ہیں وہاں سے شہدِ معلومات کشید کرو۔

حفظ و صدق کی اہمیت

راحت دل و جاں! تجھے پتا ہوگا کہ میں نے کوئی سو کتابیں تصنیف کی ہیں، ان میں سے کچھ تو بہت ضخیم ہیں جیسے بیس جلدوں پر مشتمل "تفسیر کبیر"۔ بیس جلدوں میں "تاریخ" یوں ہی بیس جلدوں میں پھیلی "تہذیب المسند" اور کچھ کتابیں پانچ جلدوں کی ہیں، کچھ چار کی، کچھ تین کی اور کچھ دو کی یوں ہی کم و بیش۔

تمہارے باپ کا یہ ورثۂ تصنیف تمھیں از خود کتابیں لکھنے یا کتابیں خریدنے اور دوسروں سے عاریۃً لینے سے بے نیاز کر دے گا، لہٰذا اِن کتابوں کی حفاظت کے ساتھ انھیں اپنے قلب و باطن میں جگہ دو، کیوں کہ جو بچ جاتا ہے وہی اصل مال ہوتا ہے، اور

خرچ کرنے سے نفع ہوتا ہے۔ اور اللہ کے کرم پر اعتماد کرکے ان دونوں حالتوں میں صدق کا دامن ہاتھ میں تھامے رہنا اور اس کے حدود و حقوق کا خیال رکھنا۔

اللہ تعالیٰ فرماتا ہے:

إِنْ تَنْصُرُوا اللّٰهَ يَنْصُرْكُمْ (سورۂ محمد: ٤٧، ٧)

اگر تم اللہ (کے دین) کی مدد کرو گے تو وہ تمہاری مدد فرمائے گا۔

فَاذْكُرُونِي أَذْكُرْكُمْ (سورۂ بقرہ: ٢، ١٥٢)

سو تم مجھے یاد کیا کرو میں تمہیں یاد رکھوں گا۔

وَ أَوْفُوا بِعَهْدِيْ أُوفِ بِعَهْدِكُمْ (سورۂ بقرہ: ٢، ١٤٠)

اور تم میرے (ساتھ کیا ہوا) وعدہ پورا کرو میں تمہارے (ساتھ کیا ہوا) وعدہ پورا کروں گا۔

علم کو رنگ عمل دینے ہی سے کچھ ملتا ہے

باعثِ تسکینِ جانِ حزیں! خدارا ایسا کبھی نہ ہونے پائے کہ تم علم کی ظاہری شکل و صورت پر فریفتہ ہو کر عمل سے یکسر غافل ہو جاؤ، بلکہ وہ علم بے سود ہے جو رنگ عمل سے آشنا نہ ہوا۔

دیکھو اُمرا و سلاطین کے محلوں کے چکر لگانے والے اور دنیا داروں پر اوندھے گرنے والے وہی لوگ ہوتے ہیں جن کے علم کا عمل سے کوئی دور کا بھی تعلق نہیں ہوتا، یہی وجہ ہوتی ہے کہ پھر علم سے جو نفع و برکات اسے ملنی چاہئیں وہ اُن سے محروم رہ جاتا ہے۔

علم و عمل اور اِخلاصِ نیت

یوں ہی اِس بات کی بھی کوشش کرنا کہ کسی قسم کی عبادت وریاضت میں اسی وقت مشغول ہونا جب تمھیں اس کا وافر اور قطعی علم ہو جائے، کیوں کہ تمہارے سامنے ایسے اہل زہد و تصوف کی ڈھیروں مثالیں موجود ہیں جنھوں نے علم کے بغیر عبادت شروع کر دی اور انجام کار راہِ راست سے بھٹک گئے۔

خوبصورت کپڑوں میں خود کو مزین رکھا کرو، وہ تمھیں دنیا داروں کے آگے جھکنے سے روکے رکھیں گے، یوں ہی زاہدوں کے درمیان مشہور نہ ہونے دیں گے۔

یوں ہی ہمہ وقت اپنی نگاہوں، اپنی باتوں اور اپنے قدموں کا محاسبہ کرتے رہنا، کیوں کہ ان کی بابت تم سے مواخذہ ہونا ہے، اور تم جتنا اپنے علم سے فائدہ اُٹھاؤ گے وہ اتنا ہی تمہارے سامعین کے لیے نفع رساں ہو گا، ورنہ جب واعظ و خطیب اپنے علم پر خود عمل پیرا نہیں ہوتا تو اس کی پند و نصیحت لوگوں کے دلوں سے ایسے ہی پھسل جاتی ہے جس طرح پانی چٹان سے بہ آسانیپھسل جاتا ہے۔

لہٰذا جب بھی وعظ کہنا ہو اِخلاصِ نیت کے ساتھ کہنا۔ حتی کہ چلنا پھرنا کھانا پینا بھی خلوصِ نیت کے ساتھ کرنا، (کیوں کہ نیت کا اَجر بے پایاں ہے)۔ پھر جب تم سلف صالحین کے اخلاق و کردار کا مطالعہ شروع کر دو گے تو معاملات کی گرہیں اَز خود تم پر منکشف ہونا شروع ہو جائیں گی۔

فائدہ بخش کتابیں

ضیائے دیدہ و دل! 'منہاج المریدین' کو اپنے مطالعہ میں رکھو۔ یہ کتاب سلوک کے اَسرار رموز تم پر بے نقاب کر دے گی، لہٰذا جلوت و خلوت ہر جگہ اسے دوست اور اُستاد

کے طور پر اپنے ساتھ رکھو۔

"صید الخاطر" کا دقت نظر سے مطالعہ کرو، یہ تمہیں ایسے حقائق و وقائع سے آشنا کرے گی جو تمہیں دارین کی سعادتوں سے بہرہ ور کر دیں گے۔

"جنۃ النظر" کو زبانی یاد کر لو، یہ کتاب فقہ کے نکات و دقائق سمجھنے میں معاون و مددگار ہوگی۔

"کتاب الحدائق" کے مطالعہ سے یہ فائدہ ہوگا کہ حدیث کی کنہ اور اس کا صحیح فہم تمہیں نصیب ہو جائے گا۔

"الکشف" کے ساتھ اگر تم نے دلچسپی لی تو یہ کتاب صحیحین کے اندر مخفی احادیث کا راز تم پر وا کر کے رکھ دے گی۔

اہل عجم کی مرتب کردہ کتب تفاسیر سے کوئی سروکار نہ رکھنا، کیوں کہ "المغنی" اور "زادالمسیر" پڑھ لینے کے بعد ان تفسیروں کو دیکھنے کی کوئی ضرورت ہی نہیں رہ جاتی۔

اور وعظ و خطابت کے لیے جو کچھ مواد میں نے تمہارے لیے جمع کر دیا ہے وہ بہت ہے اس کے علاوہ کی تلاش عبث ہے۔

خاطر مدارات اور واعظ نافع کی صفات

پسر عزیز! لوگوں کی بہترین خاطر و مدارات کرنا، مگر ان سے دور رہنے کی پوری پوری کوشش کرنا، کیوں کہ عزلت نشینی برے دوستوں کی صحبت کے مقابلے میں راحت رساں ہوتی ہے اور اس سے تمہارا وقار لوگوں کی نگاہوں میں بحال رہتا ہے۔

ایک واعظ کے لیے بطورِ خاص یہ ضروری ہے کہ وہ فضول گو نہ ہو، لوگوں کے سامنے نازیبا حرکت نہ کرے، بازاروں کے چکر نہ لگائے، اور زیادہ نہ ہنسا کرے۔ تا کہ اس

کے ساتھ حسن ظن قائم رہے اور لوگ اس کی بابت اچھا گمان رکھیں، اس طرح اس کا وعظ و بیان اُن کے قلب و باطن کی گہرائی میں اُتر سکے گا۔

ہاں اگر کسی خاص ضرورت کے پیش نظر لوگوں میں جانا پڑ جائے تو حلم کو اپنا امام بناؤ اور بردباری کے ساتھ ان سے پیش آؤ، کیوں کہ اگر تمھیں ان کا اخلاق و کردار معلوم ہو جائے تو تم ان کی خاطر خواہ آؤ بھگت نہ کر سکو گے۔

حقوق کی اَدائیگی اور معاملات کی رعایت

عزیز از جان! بیوی و بچے اور اہل قرابت میں جس کے جو حقوق بنتے ہوں ان کی اَدائیگی میں کسی تساہلی سے کام نہ لینا۔ اور اپنے لمحات اور گھڑیوں کا محاسبہ کرتے رہنا کہ وہ کس کام میں صرف ہو رہی ہیں۔ بھرپور کوشش کرنا کہ وہ اچھے اور قابل تعریف کاموں میں گزریں۔ اپنے نفس کو آزاد نہ چھوڑ دو، بلکہ اسے کارِ خیر اور نیکیوں پر اُکساتے رہو، اور اپنی قبر کی کوٹھری میں آسودہ حال رہنے کے لیے جو بن پڑے آگے بھیج دو، تاکہ وہاں پہنچ کر آرام و سکون پاؤ۔ بزبانِ شاعر:

یا من بدنیاه انشَغَل
یا من غَرَّه طُول الامَل
المَوتُ یَاتي بَغتَةً
وَالقبرُ صُندوقُ العمَل

یعنی اے وہ شخص! جو دنیا میں پورے طور پر مشغول و منہمک ہے اور لمبی لمبی اُمیدوں نے دھوکے کے جال میں پھنسا رکھا ہے۔

یاد رہے کہ موت ہمیشہ اچانک آتی ہے، اور قبر عمل کا صندوق ہے، (لہٰذا دیکھ لو کہ اپنے صندوق میں کیا کچھ بھیج رہے ہو)۔

ہمیشہ معاملات کے انجام کو دیکھو، ایسی صورت میں پسند وناپسند چیز پر صبر کرنا تمہیں آسان ہو گا۔ جب نفس غفلت کیشی شروع کر دے اور نیکیوں میں دلچسپی لینا چھوڑ دے تو گورِ گریباں کی سیر کو چلے جایا کرو، اور اسے اپنے سانحہ موت کی یاد دہانی کراتے رہو۔

اصل مدبر حقیقی تو پروردگار ہے تاہم جب کوئی معاملہ درپیش ہو تو تدبیر کر کیا کرو کہ کہیں تمہارے اِنفاق میں اِسراف کی آمیزش تو نہیں ہے، تاکہ لوگوں کا محتاج نہ بننا پڑے، کیوں کہ ہمارا دین 'مال کی حفاظت کا سبق بھی دیتا ہے۔ اپنے وارثوں کو محتاج بنانے سے بہتر ہے کہ اپنے بعد ان کے لیے کچھ چھوڑ جاؤ۔

میرا نسب نامہ

عزیز القدر! تجھے معلوم ہونا چاہیے کہ (ہم ان لوگوں میں سے نہیں جن کے حسب ونسب کا کوئی اَتا پتا نہیں ہوتا بلکہ) ہم امیر المومنین حضرت ابو بکر صدیق رضی اللہ تعالیٰ عنہ کی اولاد سے ہیں۔ اور ہمارے والد گرامی قدر حضرت قاسم بن محمد بن ابو بکر ہیں۔

یہ ساری تفصیلات میں نے وثوق کے ساتھ "صفة الصفوة" میں بیان کر دی ہیں۔ پھر ہمارے آباء و اَجداد کا جھکاؤ بیع و شرا اور تجارت کی طرف ہو گیا، مجھے یاد نہیں آتا کہ میرے علاوہ متاخرین میں کوئی ایسا ہو جسے طلب علم و فضل کی توفیق ملی ہو، اب بات تم تک آ پہنچی ہے، لہٰذا سمند جد وجہد کو مہمیز لگا دو اور شوق کو اپنا اِمام بنا کر میدان علم میں کچھ کر گزرو۔ امید ہے کہ تمہاری ذات سے میری جو توقعات وابستہ ہیں انھیں رسوا نہ کرو گے۔ میں تجھے اللہ کے حوالے کرتا ہوں، اور اسی سے سوالی ہوں کہ وہ علم و عمل کی توفیق خیر سے تجھے نوازے۔ یہی میری وصیت و نصیحت ہے اُمید ہے کہ انھیں سچ کر دکھاؤ گے۔

ولا حول ولا قوۃ اِلا باللہ العلي العظیم

والحمد للہ رب العالمین

وصلی اللہ علی سیدنا محمد وعلیٰ آلہ وصحبہ وسلم

* * *

اسوۂ حسنہ پر مبنی ایک ایمان افروز کتاب

اخلاقِ نبویؐ

مصنف: محمد رفیع مفتی

بین الاقوامی ایڈیشن منظر عام پر جلد آ رہا ہے